Curso Basico De Computadora

Eida Feliciano

Internet facilita la información adecuada, en el momento adecuado,

para el propósito adecuado.

Bill Gates

Tabla De Contenido

Prefacio

Te damos la bienvenida a este manual básico para el uso de computadoras e Internet. En este curso podrás adquirir los elementos básicos para conocer los usos de una computadora y trabajar con ella, así como los conocimientos básicos para navegar en Internet y obtener tu correo electrónico, abrir tu página en Facebook y obtener cualquier tipo de información que desees obtener. El uso de la red te pondrá al tanto de la tecnología actual. Además de utilizar la PC para poder descargar tus fotos, aprender a bajar música y tener conocimiento general de los programas de Microsoft Office. El Internet integra gente de todas las profesiones, nacionalidades, creencias religiosas, culturas, edades y niveles de preparación, tales como empresas, instituciones educativas y gubernamentales, profesionales independientes, organizaciones regionales e internacionales, y gente con todo tipo de ocupaciones. La conexión a la Red mediante un módem y una llamada telefónica local es la manera más económica de tener al alcance toda la información y versatilidad de la Red. Al usuario le cuesta únicamente la llamada local, el pago mensual del servicio de acceso al nodo local de la Red (Siempre que no se disponga de alguna de las múltiples conexiones gratuitas que existen...) y ciertos servicios que se soliciten a proveedores locales o internacionales por vía de la Red. Por tanto, es lo mismo enviar o recibir mensajes de Londres, Sídney o Nueva York, por lo que permite grandes ahorros en llamadas a larga distancia. Las nuevas computadoras y los nuevos programas de acceso a la red permiten al nuevo usuario adquirir una destreza en un tiempo mínimo. Toda la parte técnica en cuanto a la utilización de equipos de comunicaciones, protocolos, etc. queda oculta detrás de una pantalla gráfica fácil de usar que es manejada a través de un ratón. Una vez que un usuario tiene acceso a Internet, lo mismo intercambia información con su vecino que con una persona o empresa al otro lado del mundo. Podemos en el internet hacer muchas cosas. —Buscar Información en los buscadores más utilizados son Google, Bing, Yahoo.

La compañía IBM introdujo al mercado la primera computadora en el 1981.

Una computadora personal es un conjunto de piezas electrónicas, o hardware, que combinadas con programas, o software, hacen de esta una de las herramientas de conocimiento más útiles creadas por el hombre.

Hoy en día es posible comprar una computadora personal como esta por menos en 500 dólares, con la ventaja adicional de ser mucho más rápida que pudo haberse comprado por más del doble el año anterior.

Las diferencias entre las computadoras del tipo IBM compatible y una del tipo Macintosh

Los dos tipos de computadoras personales más usadas son IBM y Macintosh. —En este curso hablaremos de las computadoras IBM PC compatible por el hecho de que estas representan casi el 90 % del mercado de computadoras personales.

Es importante subrayar que aunque las Macintosh son fabricadas por Apple, las IBM PC son fabricadas por miles de compañías alrededor del mundo.

Las computadoras del tipo IBM PC usan el sistema operativo

Como Windows & Linux. Las computadoras personales fabricadas por Apple llevan un procesador fabricados por Intel. Las computadoras personales del tipo Macintosh usan un sistemas operativo gráfico, diseñado por Apple, llamado Mac OS x v10.4 Tiger o OS Snow Leonard. Las Macintosh también se distinguen por usar un mouse con un solo botón.

Este tipo de computadora por Apple desde el 1985. Sobre todo, su enfoque empresarial se centra en surtir sistemas escolares de computadoras buenas.

Esta compañía siempre ha tratado de estar en la vanguardia de todas las tecnologías y esto les ha permitido sobrevivir en este ambiente de mucha competencia.

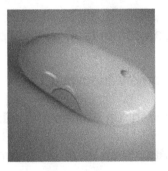

Componentes principales de una computadora personal

— Una computadora está compuesta de muchas partes diferentes, cuyos nombres usted podría haber escuchado antes: por ejemplo la unidad de disco duro, que le permite almacenar su trabajo de manera permanente.

—Ahora usted aprenderá a reconocer algunos de los componentes más importantes de una PC.

Estos son los dos grupos principales de componentes

encontrados en una computadora personal:

Hardware: Un componente que usted puede tocar con sus manos, como por ejemplo, el teclado o el mouse

Software: Un componente que funciona virtualmente dentro de su PC, haciéndolo comprender sus órdenes, por ejemplo el procesador de palabras Word de Microsoft.

Los componentes principales del hardware son:

- ☐El chasis de la computadora o CPU

- ☐El monitor

- ☐El teclado

- ☐El mouse

Los componentes principales del software:

☐

El sistema operativo (por ejemplo Windows)

☐Y la aplicación o programas de computadora (ej. Microsoft Office)

El chasis de la computadora o el CPU:

—El CPU de la computadora es el compartimiento donde las partes principales de la PC residen, y a la cual usted conecta los componentes periféricos que le dejan usar la computadora, como el teclado y el mouse. También donde la unidad central de proceso (o sea el chip que le da a la computadora su habilidad de solucionar problemas

El Monitor

El monitor es muy similar al de un televisor y su propósito principal es mostrarle

la información que usted necesita ver para poder comunicarse con la computadora.

El teclado (keyboard)

El teclado le permite comunicarse con su PC. Supongamos que usted quiere

escribir una carta. Después de abrir un procesador de palabras usted usa el

teclado para escribir la carta y también para escribir su nombre para guardarla en

su computadora.

El Mouse

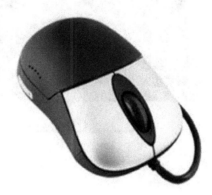

—

El mouse es un dispositivo electrónico que se utiliza con la mano. Tiene dos o tres botones y es el componente más importante para poder usar una computadora.

—Estas son algunas de las funciones que puede hacer usando el mouse:

Abrir y cerrar programas

Mover ventanas

Copiar archivos

Trabajar con menús

Como usar el mouse

Ruedita del medio

Boton izquierdo

Boton derecho

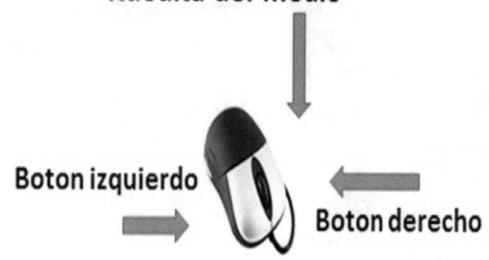

Componentes Periféricos

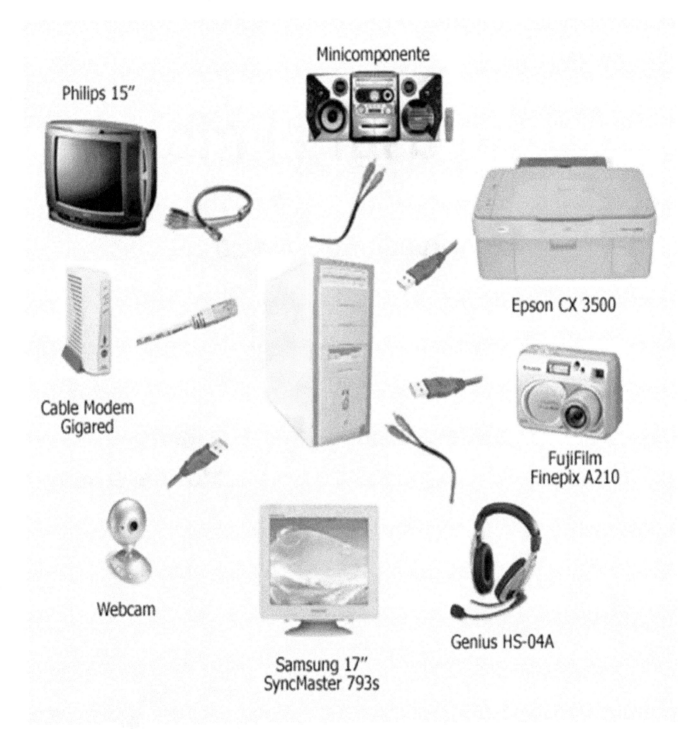

Minicomponente

Philips 15"

Epson CX 3500

Cable Modem
Gigared

FujiFilm
Finepix A210

Webcam

Samsung 17"
SyncMaster 793s

Genius HS-04A

Microsoft Office

Office 2010 es la más reciente versión de este grupo de programas de productividad, diseñados por Microsoft, y le ayudara a reducir el tiempo necesario para completar su trabajo.

Los programas principales incluidos en todas las versiones de Office son:

—**Word**: Es el procesador de palabras de más uso en todo el mundo.

—**Excel:** Es una de las mejores hojas de cálculos

—**Power Point**: Es un programa para las presentaciones de negocios o tareas escolares.

—**Access**: Uno de las mejores bases de datos

—**Publisher**: Es usado en la creación de tarjetas, invitaciones, flyers. Calendarios, etc.

Conoce el Escritorio (Desktop) de Windows 7

El Escritorio es la primera pantalla que nos aparece una vez se haya cargado el Sistema Operativo. La teclas rápidas o para acceder a él cuando lo tenemos cubierto de ventanas es presionar al mismo tiempo Windows en el teclado+ D.

A continuación explicaremos las partes que componen el escritorio y qué función realiza cada una de ellas.

Una vez se ha cargado Windows 7, y tras introducir nuestra contraseña, si es necesario, encontraremos un Escritorio similar al de la imagen. Y decimos similar porque el Escritorio es muy personalizable y es posible que tu ordenador tenga un fondo o unos iconos diferentes.

Escritorio (Desktop)

En el escritorio tenemos iconos que permiten abrir el programa correspondiente, normalmente con doble clic.

Por ejemplo haciendo doble clic en el icono 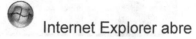 Internet Explorer abre

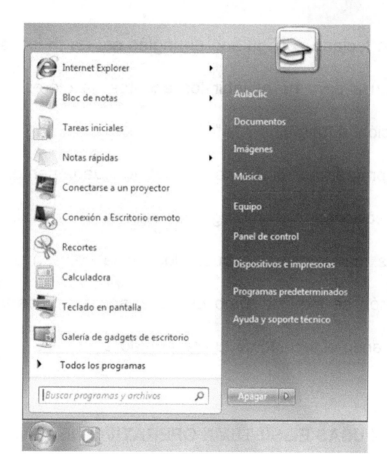

En la parte superior se muestra un pequeño recuadro con la imagen del usuario. Si pasamos el ratón por algún programa del menú Inicio, la imagen irá cambiando a su correspondiente icono.

Funciones del teclado para escribir ü, é, á, í, ó, ú, ñ, Ñ, ¿ , ¡

El usar un teclado configurado en inglés es, en muchas ocasiones, la mejor excusa para no escribir los acentos, la diéresis, los signos de interrogación, admiración y la "ñ".

Algunos programas, si se configurar adecuadamente, van haciendo esas correcciones; sin embargo, los signos, u otros símbolos hay que insertarlos manualmente o buscarlos en la sección de "símbolos". A continuación se explica cómo escribir esos símbolos y palabras con acento usando el teclado de tu computadora.

SI USAS EL SISTEMA OPERATIVO DE WINDOWS:

Para escribir (ü, é, á, í, ó, ú, ñ, Ñ, ¿) mantén presionada la tecla **"ALT"** en una PC o la tecla **"opción"** en la MAC, después ingresa el número que se indica en cada letra usando el teclado de la izquierda.

ALT + 129 = ü
ALT + 130 = é
ALT + 160 = á
ALT + 161 = í
ALT + 162 = ó
ALT + 163 = ú
ALT + 164 = ñ
ALT + 0193 = Á
ALT + 0201 = É
ALT + 0205 = Í
ALT + 0211 = Ó
ALT + 0218 = Ú
ALT + 0220 = Ü
ALT + 165 = Ñ
ALT + 168 = ¿
ALT + 173 = ¡

La tecla "control"

también sirve para escribir el acento.

Solo presiona **"control"** + **'** **(apostrofe)** + **la vocal que quieres acentuar**.

Crear un nuevo archivo

Puede crear nuevos archivos en cualquier programa y darle a cada uno de ellos un nombre con significado para ayudarle a organizar el trabajo. En la mayoría de los programas, el menú Archivo es donde abre, guarda y crea nuevos archivos.

Haga clic en el menú Archivo en el programa que está usando y, a continuación, haga clic en Nuevo.

Si puede crear más de un tipo de archivo en el programa, también puede que tenga que seleccionar un elemento, como una plantilla, en una lista.

Cuando haya terminado de trabajar con el nuevo archivo, haga clic en el menú Archivo y, a continuación, en Guardar como para dar un nombre al archivo y guardarlo en el equipo.

Sugerencias

Según el tipo de archivo que esté utilizando, puede que sea capaz de agregar propiedades de archivo, como etiquetas, nombres de autor y clasificaciones, en el momento en que guarda el archivo o empleando el panel Detalles. Esto facilitará la búsqueda del archivo la próxima vez que lo necesite. Para obtener más información, consulte Agregar etiquetas u otras propiedades a un archivo.

Como Usar y Copiar un CD usando Windows Media Player

Windows Media Player es un programa de música digital ofrecido gratuitamente por Microsoft. Viene de forma estándar con algunas computadoras, pero también puedes descargarlo legalmente en línea. Algunas de las funcionalidades disponibles en Windows Media Player incluyen la habilidad para copiar CD (guardar las pistas de un CD en la computadora) y grabar CD con mezclas personalizadas que puedes usar para lo que quieras, como viajes largos, celebraciones de vacaciones, mezclas para fiestas y mucho más.

Necesitarás:

Un CD en blanco

Un CD de música

Windows Media Player

"9 Razones para aprender a usar MUY BIEN el Internet"

Por ahora déjame decirte 9 razones que me llevaron a dedicarme a aprender a usar muy bien el Internet. Leíste bien? usar Muy Bien el internet no se trata solo de abrir tu email y responder tus mensajes. Tampoco se trata sólo de abrir tu cuenta en Facebook y hacer lo mismo. Yo te estoy hablando de aprender a usar el Internet MUY BIEN. Ok, 9 razones:

1. Tienes 40 años o ¿más? ¿Alguna enfermedad que no te permite moverte mucho? Si todavía puedes usar tus manos y tu cerebro, tienes un computador y sabes abrir tu email….Entonces, ya tienes todo lo que necesitas.

2. ¿Tus hijos ya no te hablan por teléfono? ¿Ahora solo te mandan mensajes de texto? Si ellos prefieren compartirte sus fotos, sus mensajes y todo, desde Facebook, Instagram o Twitter.

3. ¿Te has sentido estúpid@ por no saber manejar tu página de Facebook?

¿Al menos, ya tienes una?

4. Te has dado cuenta que el Internet lo sabe todo. Cuando aprendí a preguntarle al Dr. Google, me di cuenta que en verdad tiene todas las respuestas. Una receta de cocina, la hora en cualquier país, el clima, traductor, diccionario (Wikipedia), etc.

5. En Internet encuentras todo sin salir de casa. Los pasajes más baratos, los hoteles para escoger, los restaurantes, los tours, el regalo de grado para tu hija, el regalo para el cumpleaños de tu hijo, etc. etc. Puedo comprar por internet y me aseguran que no me van a robar mi identificación… Bueno, sí hay un riesgo, pero a veces es menor que salir al mercado y tal vez me roben mi cartera.

6. En internet puedes aprender de todo. Tomé cursos GRATIS de cómo usar internet. Me muestran videos en donde me explican paso a paso cómo debo

hacerlo y los puedo repetir cuantas veces necesite. Estoy aprendiendo a bailar hip hop...

7. Puedo escuchar la música que quiera. Mi "equipo de sonido" ya no lo uso. Puedo escuchar mis canciones favoritas mientras trabajo en el computador.

8. Puedo trabajar por internet. Aunque no lo creas, es muy fácil. Créeme, yo tampoco sabía nada de internet. Creo que le tenía MIEDO. Ahora gano dinero de mil formas y solo tengo que revisar mis cuentas.

9. ¡TENGO MI NEGOCIO EN INTERNET! Y gano mucho más de lo que me había imaginado. ! Y estoy ganando cada día más y más! Y, estoy escribiendo mis libros, aportando a los demás y cumpliendo sueños que antes creía imposibles.

¿Sabes qué es lo mejor de todo esto? Lo mejor es que ¡TÚ TAMBIEN PUEDES HACERLO!

¿Por qué no empiezas ya? ¿Quieres saber cómo ganar dinero mientras viajas? ¿Quieres aprender cómo puedes hacerlo desde tu casa?   No pierdas tiempo. Yo quiero enseñarte todo lo que ha funcionado para mí. Te diré paso a paso, como tienes que hacerlo.

¿Qué es internet?

El Internet es una red informática descentralizada, que para permitir la conexión entre computadoras opera a través de un protocolo de comunicaciones. Para referirnos a ella además se utiliza el término "web" en inglés, refiriéndose a una "tela de araña" para representar esta red de conexiones. En palabras sencillas, la Internet es un conjunto de computadoras conectadas entre sí, compartiendo una determinada cantidad de contenidos; por este motivo es que no se puede responder a la pregunta de donde está la Internet físicamente - está en todas las partes donde exista un ordenador con conectividad a esta red. Digamos entonces que el Internet es la red de redes, por la cual, millones de computadoras se pueden conectar entre sí. De esta, se puede extraer información a una escala nunca antes vista.

También es conocida como la World Wide Web (www, prefijo bastante conocido por los que la navegan, ya que las direcciones o URLs por lo general comienzan utilizándolo), y su estructura actual data de la década de los 90`. Con su aparición, la revolución de la información terminó definitivamente por despegar a escala masiva. Son millones las personas, las cuales por medio de un módem y hoy en día, por medio de la banda ancha, acceden a millones de páginas, que contienen información de la más diversa índole. Existen páginas de carácter personal, educativas, y por supuesto orientadas a los negocios; de hecho, toda empresa, lo suficientemente tecnológica, cuenta con una página en Internet. Con respecto a los protocolos que mencionábamos, no debemos asustarnos, ya que su utilización es completamente transparente para nosotros como usuarios; nuestra computadora se encarga de utilizarlos al emplear nuestro navegador.

El protocolo del que hablamos en un comienzo se le conoce como TCP/IP (Transmission control protocol, / Internet Protocol), y podemos imaginar de manera simplificada que es el idioma común para que las computadoras conectadas a la red se entiendan. Por medio de Internet, también podemos desarrollar conversaciones en línea, como los ya famosos chat e IRC (Internet Relay chat). Asimismo, podemos realizar transferencia de archivos , utilizando por supuesto un lenguaje común para esto (en este caso el protocolo FTP o File Transfer Protocol) o enviar correos electrónicos (utilizando el protocolo SMTP o Simple Mail Transfer Protocol), los cuales han revolucionado la manera de comunicarse, y han dejado como prácticamente obsoleto el antiguo sistema de correo. Con ellos podemos comunicarnos de manera casi inmediata, con cualquier persona del mundo, independiente de donde se encuentre. De esta manera, muchas empresas, han dejado, incluso, un tanto de lado el teléfono para sus actividades comerciales. Asimismo, es que el correo electrónico es altamente utilizado, dentro de la comunicación interna de las organizaciones estatales o privadas. Desde hace ya bastante tiempo, existe una aplicación asociada e estos correos electrónicos conocida como la mensajería instantánea, mediante la cual se puede mantener una conversación por medio de texto en línea.

Las últimas aplicaciones relacionadas con la comunicación, involucran la
transmisión de voz, que ha revolucionado además a la industria de la telefonía, con
servicios como Skype; los servicios de mensajería instantánea como el de Yahoo!,
no se quedan atrás y están ofreciendo un servicio similar. Con el tiempo veremos
como el costo de las llamadas de larga distancia disminuye considerablemente al
integrar esta tecnología a la red de nuestros hogares. Con respecto al desarrollo
del Internet, este se remonta a 1973, donde se comenzó a estudiar la factibilidad
técnica de desarrollar redes interconectadas, a base de los protocolos TCP y el IP.
Fue durante aquel proceso investigativo, que se creó la palabra Internet, para
apodar a estas redes. Para saber más sobre los inicios de la Internet, visita nuestro
artículo especialmente dedicado a quien invento el Internet, que podrás encontrar
en la sección de ciencia y tecnología de nuestro sitio. Hoy en día, nadie se puede
quedar fuera de esta red de redes. Esta está presente en casi todos los hogares
del mundo, como en todas las empresas del globo, ya de manera obligatoria.
Muchos estudios, trabajos y funciones empresariales, no se conciben sin el
Internet.

Así de simple. Incluso muchos gobiernos, se han puesto en campaña, para alfabetizar digitalmente a sus ciudadanos. Es que la tecnología y el Internet, ya llegaron y lo han hecho para quedarse y revolucionar de manera constante, nuestra forma de vida.

¿CUÁLES SON SUS CARACTERÍSTICAS PRINCIPALES?

MULTIDISCIPLINARIA: Integra gente de todas las profesiones, nacionalidades, creencias religiosas, culturas, edades y niveles de preparación, tales como empresas, instituciones educativas y gubernamentales, profesionales independientes, organizaciones regionales e internacionales, y gente con todo tipo de ocupaciones.

Libre

Autorregulada

Anónima

Un poco caótica

Segura

Crecimiento vertiginoso

Es libre porque cualquiera puede publicar lo que quiera sin censura previa.

El espíritu de dejar circular la información libremente es una de las razones que ha permitido el crecimiento espectacular del internet.

Pero también facilita el uso negativo de la red. Por ejemplo la creación y la dispersión de los virus.

Anónima El anonimato facilita la intimidad y la expresión de opiniones, tanto para leer como para escribir.

Autorregulada: Las reglas que permiten que el internet funcione han salido del propio internet. Existen ciertos comités internos que se encargan de regularizarlos.

Un poco caótica A pesar de tener reglas, la web es un cumulo de información desordenada. Nadie puede asegurarte que todo funcione perfectamente.

Segura La información viaja libre por el internet y eso proporciona cierta inseguridad pero nada que no pueda salvar un comportamiento prudente.

Es necesario asegurar de forma consciente la privacidad, así como protegernos con antivirus.

Los métodos de cifrado y los certificados digitales permiten una seguridad absoluta a la hora de realizar acciones sensibles con transferencias bancarias o compras con tarjetas.

Quien y como se crea la información en el internet

La información reside en los servidores

Cualquiera puede crear un servidor

www.ejemplo.com

Universidades, empresas, instituciones públicas, particulares, etc.

Internet es la unión de miles de redes informáticas conectadas entre sí, mediante una serie de protocolos (TCP/IP), que hacen posible, para cualquier usuario de una de estas redes, comunicarse o utilizar los servicios de cualquiera de las otras.

Creció a partir del 1994

CONSULTAS DE BIBLIOTECAS: Obtener listados de Bibliografías respecto a algún tema o algún autor y en ocasiones leer en línea algún libro, obra o novela.

LEER PERIÓDICOS DE DIFERENTES PARTES DEL MUNDO: Cada vez son más los periódicos y Diarios que tienen su propia página en Internet.

LEER REVISTAS DE TODO GÉNERO: Política, Economía, Entretenimiento,

Cultura, Informática,...

¿QUÉ COSAS PUEDO HACER CON INTERNET?

MANDAR E-MAIL: O también llamado Correo Electrónico, para contactar con personas en casi cualquier parte del mundo, a un bajo coste, como lo es el de una llamada local.

OBTENER SOFTWARE DE DOMINIO PÚBLICO: Como Antivirus, Manuales, Clip Arts, Archivos de Audio, Drivers para dispositivos, Juegos e Imágenes.

ENTRAR EN BASES DE DATOS ESPECIALIZADAS: Para obtener las direcciones de correo de los autores de artículos, reportajes, crónicas, etc...

CONSULTAS DE BIBLIOTECAS: Obtener listados de Bibliografías respecto a algún tema o algún autor y en ocasiones leer en línea algún libro, obra o novela.

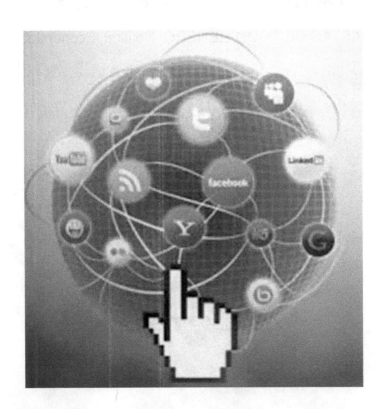

LEER PERIÓDICOS DE DIFERENTES PARTES DEL MUNDO:

Cada vez son más los periódicos y Diarios que tienen su propia página en Internet.

LEER REVISTAS DE TODO GÉNERO: Política, Economía, Entretenimiento, Cultura, e Informática...

RESERVAS A DISTANCIA: Hacer reservas en hoteles, aeropuertos, restaurantes, etc. Aunque relativamente aún son pocos los lugares que ofrecen este tipo de servicios, su incremento es muy notable.

Las diferentes maneras de conectarse al internet

Para usar el internet debe conseguir acceso directo usando su propia cuenta o indirecto compartiendo una cuenta con los otros usuarios en su oficina. Después de un tiempo de usar internet, también se dará cuenta que la consideración más importante es la velocidad con la que recibe la información que solicite de páginas web que está visitando.

Estas son las maneras de conectarse al internet:

- **Dial-up**: usa una línea de teléfono y un módem. Este tipo de conexión, además de ser la más lenta, también ocupa su línea de teléfono.

- **DSL**: usa un módem y una línea de teléfono digital. Este tipo de conexión, además de ser muy rápida, no ocupa su línea de teléfono.

- **Cable**: necesita un módem y el mismo cable que trae la señal de televisión.

- **Wi-Fi**: un tipo de conexión inalámbrico; es decir, puede conectar su computadora directamente al modem con un cable. El Wi-Fi es popular hoy día, ya que permite usar el Internet donde quiera, sin tener que mantenerse en su lugar fijo, e incluso usarlo con su computadora portátil en otros sitios que le ofrecen Wi-Fi, como bibliotecas, cafés y hasta el subway.

Una de las maneras más rápidas de conectarse a internet es subscribiéndose al servicio de internet por cable o DSL. Para conseguir este servicio es necesario usar módem de cable o DSL.

Como visitar páginas web

Estos son los pasos para visitar páginas web, escribiendo la dirección virtual de estas directamente en la casilla de direcciones del navegador:

1– En un navegador en este ejemplo tenemos a Google, haga clic en la casilla o barra de direcciones. Después escriba la dirección web que desea visitar. Por ejemplo: http://www.hcpl.net

2– una vez terminada de escribir la "URL", oprima **ENTER.** Ahora podrá ver en el área de trabajo de su navegador la página web que corresponde la "URL" que escribió.

3– Si no tenemos una dirección donde dirigirnos utilizaremos este espacio de búsqueda en el navegador.

Y esto es lo que obtendremos, los llamados "link "en letras azules. Haremos clic en el que escojamos e iremos directamente a una página web con la información deseada.

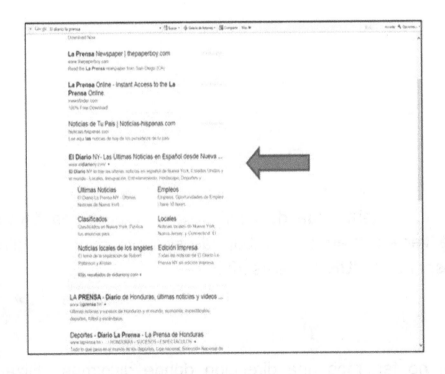

Aprende a crear un correo Gmail

A continuación, vas a aprender a abrir una cuenta de correo en Gmail. ¡Ya verás que es muy sencillo! Para hacerlo, sólo debes empezar por seguir estos pasos...

Paso 1: Abre el navegador que usas normalmente. Allí, en la barra de direcciones, escribe la siguiente URL o dirección web: **www.gmail.com**

Paso 2: Crear una cuenta: Una vez te abra la página principal del Gmail, haz clic en la opción Crear una cuenta, ubicada debajo del cuadro de inicio de sesión. De manera inmediata se abrirá una página nueva con el formulario que debes llenar para registrarte en Gmail.

Paso 3: Escribe tu Nombre completo en los espacios donde te están pidiendo este dato de información personal. Recuerda que para escribir los datos que te piden en los espacios en blanco, debes hacer clic sobre ellos y escribir los el dato que te estén pidiendo.

Paso 4: Escribe el nombre que le quieres dar a tu cuenta de correo, en el campo Nombre de usuario. Por ejemplo: micorreo@gmail.com, mioportunidad@gmail.com, etc. También, puedes escribir tu propio nombre para ser fácilmente identificado por tus contactos.

Crea tu cuenta de Google

Solo necesitas una cuenta

Accede a todos los servicios de Google con solo un nombre de usuario y una contraseña.

Personaliza Google a tu gusto

Nombre

José | Alcides

Nombre de usuario

josealcides | @gmail.com

Ya existe ese nombre de usuario. ¿Quieres volver a intentarlo?

Disponibles: josealcides745 alcidesjose502 ja3212539

5- Paso: Nombre, apellido y nombre de usuario en Gmail si posible que el nombre que elegiste ya haya sido escogido por otra persona; en ese caso, será necesario escribir uno diferente y original. Si lo deseas, puedes escoger alguna de las sugerencias que Gmail te ofrece, ya que no puede haber más de una persona usando el mismo nombre de usuario.

Cómo llenar el formulario de Gmail

Los siguientes pasos, se relacionan a la seguridad de tu cuenta, sigue el paso a paso que te daremos para terminar de diligenciar tu formulario de registro.

Paso 6: En el campo Contraseña, escribe una palabra que funcione como tu clave secreta y vuélvela a escribir en el espacio Confirma tu contraseña.

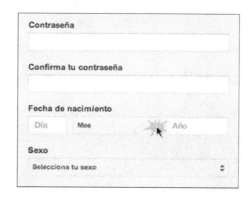

Ten en cuenta que tu contraseña debe ser fácil de recordar, mas no de deducir por otras personas. Para ello puedes utilizar una combinación de números, puntos o guiones.

Paso 7: Luego, escribe tu fecha de nacimiento y sexo en los espacios correspondientes.

Paso 8: Ingresa un correo electrónico alternativo (si ya tienes uno). En caso de no ser así, ingresa tu número de teléfono móvil, para que Gmail te envíe información en caso de que hayas olvidado tu contraseña o puedas ingresar a tu cuenta de correo electrónico.

Paso 9: Verás un captcha, que es un sistema que reconoce y diferencia, entre un humano y una máquina.

En el campo "Escribe el texto", digita los números que te muestran, con exactitud.

Si no logras identificar lo que ves, haz clic en el botón refrescar las veces que quieras, para intentarlo con una imagen diferente. Otra opción para el captcha, consiste en escuchar lo que ves.

Paso 10: En la casilla Ubicación, especifica tu país de residencia.

Paso 11: Luego, haz clic para aceptar las políticas de servicio y privacidad de Google.

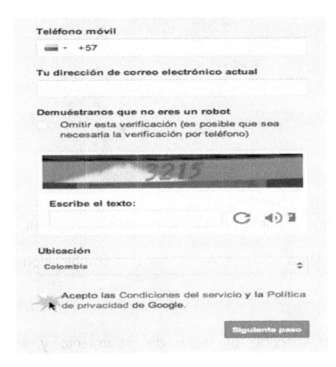

Para finalizar con tu formulario, acepta las **Condiciones de servicio** y **privacidad** de Google, y haz clic en **Siguiente paso**.

Una vez finalizado tu formulario de registro, deberás detallar tu cuenta: incluir tu foto de perfil, agregar contactos y por supuesto, tendrás una visita guiada sobre el funcionamiento de tu nueva cuenta de correo electrónico.

Paso 1: Aparecerá en tu pantalla, un cuadro indicándote que debes incluir tu foto de perfil.

Paso 2: Busca una imagen o una foto que tengas guardada en tu computador y cuando la encuentres haz clic en el botón Abrir. Luego, clic en el botón Paso siguiente.

Aparecerá un mensaje de bienvenida que te enviará a tu bandeja de entrada. Haz clic en el botón Siguiente, para iniciar tú visita guiada por Gmail.

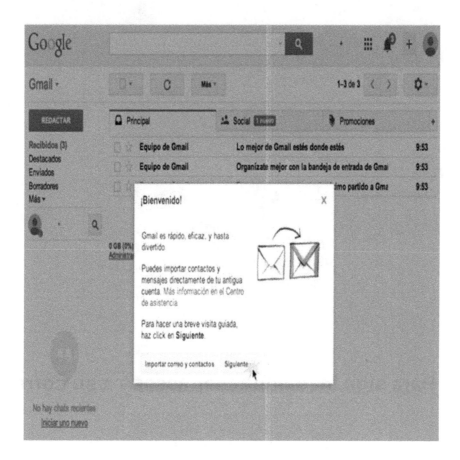

Crear una cuenta de correo electrónico es muy sencillo, ¡Ahora, inténtalo tú mismo!

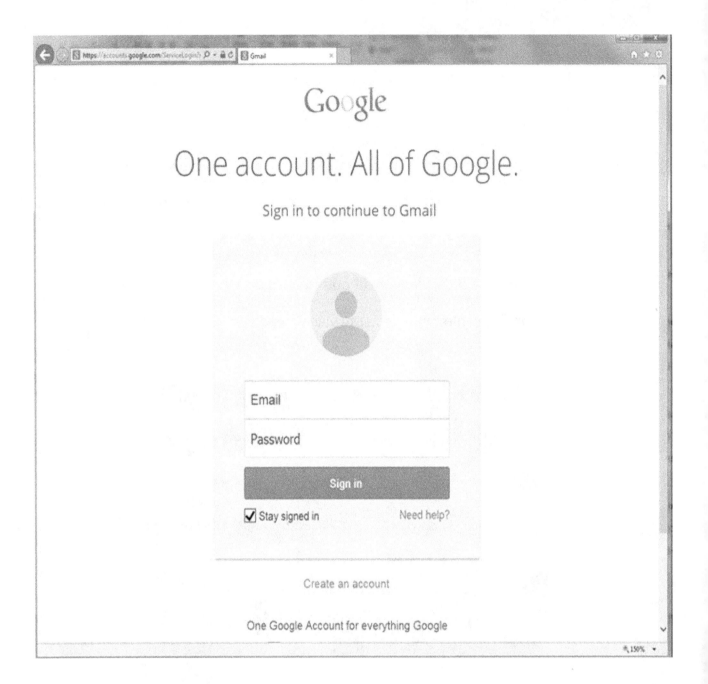

Para sign in (como tener acceso a su correo)

Cómo enviar mensajes

¿Es la primera vez que usas Gmail? Aquí tienes las instrucciones paso a paso para redactar y enviar mensajes:

Haz clic en el botón Redactar del lateral izquierdo de tu página de Gmail.

Escribe la dirección de correo electrónico del destinatario en el campo **"TO"**.

Mientras escribes la dirección del destinatario, Gmail te va sugiriendo direcciones de tu lista de contactos mediante la función de autocompletado.

Después de escribir un contacto en el campo **"TO",** coloca el ratón sobre su nombre para ver su dirección de correo electrónico y otros datos suyos. Si quieres modificar la dirección de correo electrónico o el nombre del contacto, haz doble clic en su nombre.

Te aconsejamos que uses la función de copia cuando quieras incluir destinatarios secundarios, cuyas respuestas te importen menos. Para ver ese campo, haz clic en Cc. El campo de copia oculta (haz clic en Cco para mostrarlo) te permite ocultar las direcciones y nombres de los destinatarios de forma que solo puedan ver los suyos, no los de los demás.

Escribe el título de tu mensaje en el campo **"Subject".**

Ya puedes redactar tu mensaje: haz clic en el recuadro grande que hay debajo del asunto y empieza a escribir.

Cuando termines de escribirlo, ve al final de la ventana de redacción y haz clic en el botón **Send.**

Estas son las instrucciones básicas para redactar un mensaje, pero puedes hacer muchas más cosas, como cambiar el color del texto o añadir una firma, por ejemplo.

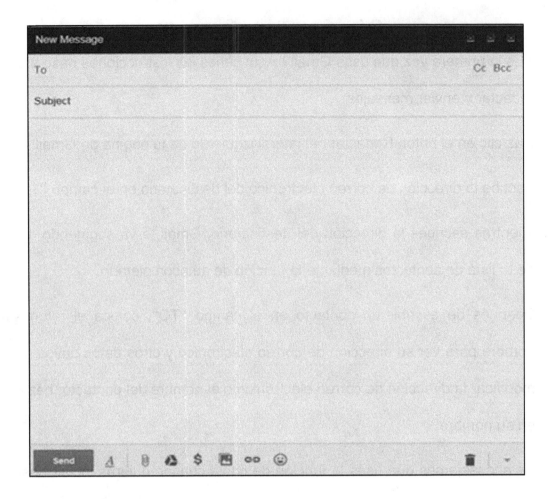

Cómo responder a mensajes

Para responder a un mensaje, haz clic en el cuadro que aparece debajo del mensaje y empieza a escribir. Otra forma es hacer clic en el icono de flecha que aparece en la esquina superior derecha del mensaje recibido.

Si el mensaje tiene varios destinatarios y quieres contestar a todos, haz clic en la opción Responder a todos, en el cuadro que hay debajo del mensaje, y empieza a escribir.

Otra forma es hacer clic en la flecha hacia abajo que hay al lado del botón "Reply" y seleccionar Reply All.

Abriendo una cuenta en la red de Facebook

Facebook es una red social originaria de estados unidos que cuenta en la actualidad con más de 1230 millones de usuarios en el mundo. Su traducción al español se produjo en el año 2007, siendo realizada por los propios usuarios.

Este site nos permite realizar múltiples tareas, siendo sus principales servicios:

• Buscar y agregar contactos, creando una lista de amigos con personas que conozcamos, tanto en persona como online, para intercambiar información sin importar en qué lugar del mundo se encuentre.

• Realizar publicaciones de texto, vídeo o fotografías en nuestro muro para que sean visibles entre nuestros contactos.

• Seguir "fan sites" (páginas oficiales) de empresas, grupos, equipos o personas famosas como deportistas, cantantes o actores; pudiendo valorar sus publicaciones positivamente haciendo clic en "Me gusta", compartiendo el contenido y/o realizar comentarios.

• Mensajería instantánea, pudiendo chatear con nuestros amigos o familiares en tiempo real e incluso realizar videoconferencias o conversaciones entre varios usuarios añadiéndolos al cuadro de chat.

• Juegos online de diferentes temáticas como A acción, Aventuras, Recreativos, Cartas, Rompecabezas o Estrategia para todos los gustos, entre los que se encuentran Candy Crush Saga, Angry Birds Friends, Dragon City, Criminal Case o FarmVille 2.

Asimismo Facebook cuenta con una versión para móvil, la cual te puedes descargar haciendo clic aquí.

Ahora que sabemos un poco más sobre la red social Facebook veamos cómo abrir nuestra cuenta...

Abrir cuenta en Facebook

Primer Paso:

Para realizar nuestro registro debemos disponer de una cuenta de correo electrónico.

¿Necesitas una cuenta de correo? Te recomendamos abrir una cuenta de Hotmail o Gmail siguiendo nuestros tutoriales.

¿Ya tienes una? ¡Muy bien! Vamos a ingresar a Facebook: Haciendo clic aquí.

Segundo Paso:

A continuación nos cargará la portada de Facebook.

En la que la parte derecha de nuestra pantalla podemos observar un formulario como el que se muestra en la imagen de debajo, en el que pone "Abre una cuenta"...

Abre una cuenta

Es gratis y lo será siempre.

| Nombre | Apellidos |

Tu correo electrónico

Vuelve a escribir tu correo

Contraseña

Fecha de nacimiento

Día ▾ Mes ▾ Año ▾   ¿Por qué tengo que proporcionar mi fecha de nacimiento?

○ Mujer   ○ Hombre

Al hacer clic en Abrir una cuenta, aceptas las Condiciones y que has leído la Política de uso de datos, incluido el Uso de cookies.

Abrir una cuenta

Introduciremos nuestro nombre, apellidos, cuenta de correo válido, contraseña, fecha de nacimiento y sexo; por último haremos clic en "Abrir una cuenta".

Tercer Paso:

Recibiremos un email de Facebook en nuestro correo electrónico para confirmar nuestra cuenta. Debemos abrirlo y hacer clic en el enlace que se nos proporciona, éste nos lleva a la siguiente página:

Aquí podemos ingresar nuestra dirección de correo electrónico e importar nuestros contactos de Hotmail, Messenger u otros servicios de correo para agregarlos como amigos a nuestro Facebook. Por el contrario, puedes omitir esta tarea y saltar al siguiente paso.

La siguiente pantalla nos pide información para nuestro perfil, como en qué escuela secundaria o universidad estudiamos o en qué empresa trabajamos. Si lo deseamos, también podemos omitir realizar esta tarea, con la posibilidad de hacerlo más adelante.

Por último, podemos elegir nuestra foto de perfil. Podemos cargar una que tengamos en nuestro PC o tomarnos una foto a través de la cámara web. Ésta tarea también se puede omitir, pudiendo cargar fotos más adelante.

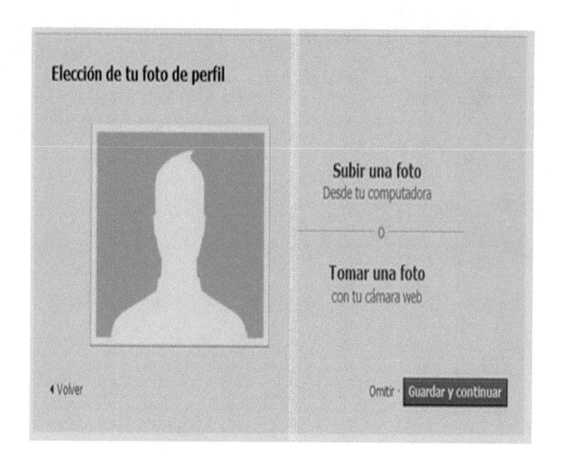

Cuarto Paso: ¡Enhorabuena! Ya has abierto tu cuenta de Facebook.

¡Que lo disfrutes ☺ !